COPY RIGHT 2020 BY TAMOH ART PUBLISHING
ALL RIGHTS SERVICES ARE RESERVED

DUA FROM
QURAN
FOR MUSLIMS

48 pages 8 x 10 in

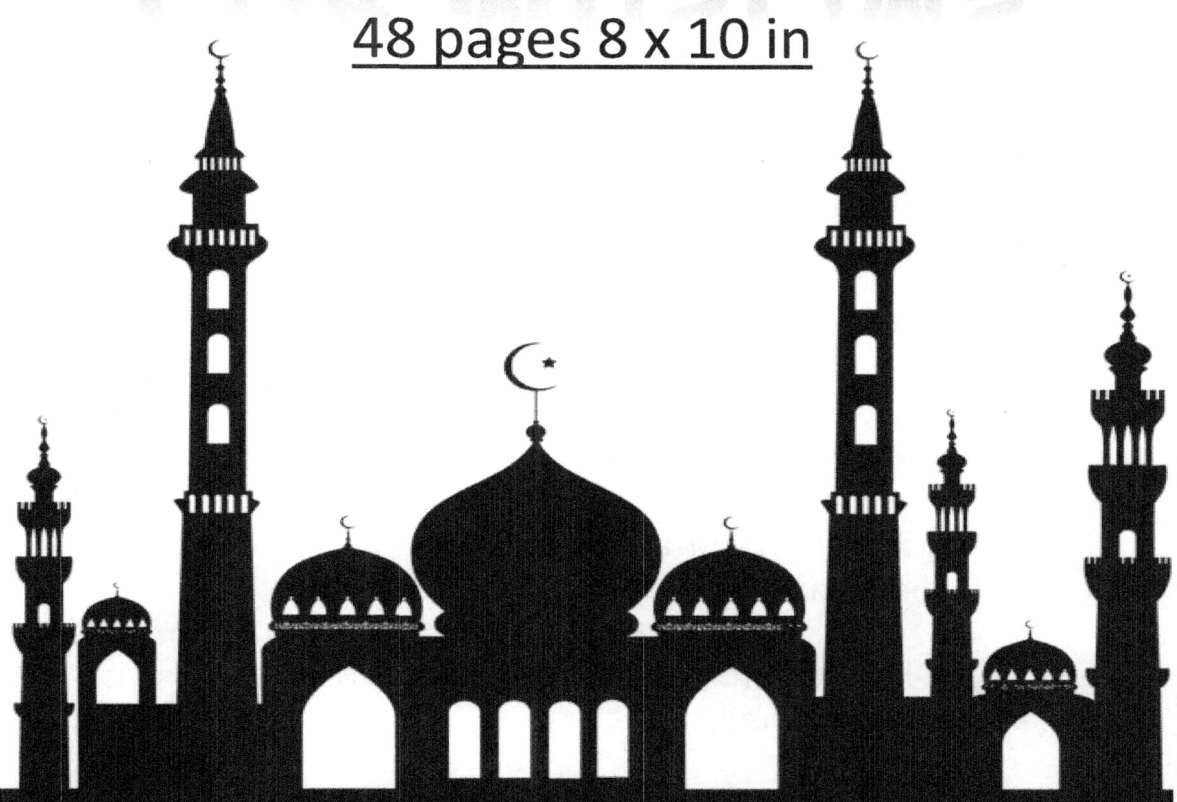

بِسْمِ اللهِ الرَّحْمَانِ الرَّحِيمِ
Bismi llaahi rrahmaani rrahiime
In the name of Allah, Most Gracious, Most Merciful.

This book is prepared for muslim people, adults and kids, women and men, girls and boys.

It contains several important Duas from QURAN. These duas are very useful for muslim people.

They may be used during your prayers or after finishing them. You can also use them whenever you want so as to pray ALLAH « God ».

You can adress these Duas directly to Allah whenever you want or whenever you need it. These Duas are taken all of them from the Sacred Quran. In fact, they are quranic verses (Ayaa).

So, try to benefit from them, and use them as possible as you can.

They can be used as a means of anti daily stress. Indeed, you will certainly feel relaxed when saying them.

Do not prevent yourself from them. If you want to be happy and calm, then try these quranic duas in your daily life.

Real muslims are always pronouncing these quranic duas so as to be in constant connexion with Allah.

Please, If you have any remark do not hesitate to contact us via this e-mail: **apamog@hotmail,com**

بسم الله الرحمن الرحيم

« bismillahi rrahmani rrahime »

In the Name of Allâh, the Most Beneficent, the Most Merciful.

سورة الحشر : Surah *Al-Hashr (Ayaa 10)*

" رَبَّنَا اغْفِرْ لَنَا وَلِإِخْوَانِنَا الَّذِينَ سَبَقُونَا بِالْإِيمَانِ وَلَا تَجْعَلْ فِي قُلُوبِنَا غِلًّا لِلَّذِينَ آمَنُوا رَبَّنَا إِنَّكَ رَءُوفٌ رَحِيمٌ."

« rabbanaa ghfire lanaa wa li ikhwaaninaa lladiina sabaqounaa bil iimaani, wa laa taj-ale fii qouloubinaa ghillane lilladiina aamanou, rabbanaa innaka ra-oufoune rahiimoune. »

« Our Lord. Forgive us, and our brethren who came before us into the Faith, and leave not, in our hearts, rancour against those who have believed. Our Lord! Thou art indeed Full of Kindness, Most Merciful. »

Surah An-Naas : سورة النَّاس

« قُلْ أَعُوذُ بِرَبِّ النَّاسِ »
« Qoule a-oudou birabbi nnaasi »
« Say: I seek refuge with (Allâh) the Lord of mankind, »

مَلِكِ النَّاسِ
« malki nnaasi »
« The King of mankind »

إِلَهِ النَّاسِ
« ilaahi nnaasi »
« The Ilâh (God) of mankind, »

مِنْ شَرِّ الْوَسْوَاسِ الْخَنَّاسِ
« mine sharri lwaswaasi lkhannaasi »
**« From the evil of the whisperer who withdraws
(from his whispering in one's heart after one remembers Allâh).»**

الَّذِي يُوَسْوِسُ فِي صُدُورِ النَّاسِ
« alladii youwaswisou fii soudouri nnaasi »
« Who whispers in the breasts of mankind. »

مِنَ الْجِنَّةِ وَالنَّاسِ»
« mina ljinnati wa nnassi »
« Of jinn and mankind. »

Surah Al-Falaq : سورة الفلق

«قُلْ أَعُوذُ بِرَبِّ الْفَلَقِ»
« Qoule a-oudou birabbi lkhoulouqi »
«Say: I seek refuge with (Allâh), the Lord of the daybreak.»

مِنْ شَرِّ مَا خَلَقَ
« mine sharri maa khalaqa. »
« From the evil of what He has created, »

وَمِنْ شَرِّ غَاسِقٍ إِذَا وَقَبَ
« wa mine sharri ghaasiqine idaa waqaba. »
« And from the evil of the darkening as it comes with its darkness; »

وَمِنْ شَرِّ النَّفَّاثَاتِ فِي الْعُقَدِ
« wa mine sharri nnaffaataati fi l-ouqadi. »
« And from the evil of those who practise witchcraft when they blow in the knots, »

وَمِنْ شَرِّ حَاسِدٍ إِذَا حَسَدَ»
« wa mine sharri haasidine idaa hasada. »
« And from the evil of the envier when he envies. »

Surah Nooh (Ayaa 28) : سورة نوح

«رَبِّ اغْفِرْ لِي وَلِوَالِدَيَّ وَلِمَنْ دَخَلَ بَيْتِيَ مُؤْمِنًا وَلِلْمُؤْمِنِينَ وَالْمُؤْمِنَاتِ وَلَا تَزِدِ الظَّالِمِينَ إِلَّا تَبَارًا»

« Rabbi ghfire lii wa li waalidayya wa limane dakhala bayetii mou-minane , wa lilmou-miniina wa lmou-minaati, wa laa tazidi ddalimiina illaa tabarane. »

« My Lord. Forgive me, and my parents, and him who enters my home as a believer, and all the believing men and women. And to the Zâlimûn (polytheists, wrong-doers, and disbelievers) grant You no increase but destruction. »

Surah AL Mumtahina : سورة الممتحنة

"«رَبَّنَا عَلَيْكَ تَوَكَّلْنَا وَإِلَيْكَ أَنَبْنَا وَإِلَيْكَ الْمَصِيرُ»"
« Rabbanaa alayeka tawakkalnaa wa ilayeka anabnaa wa ilayeka lmasiirou »

« Our Lord! in Thee do we trust, and to Thee do we turn in repentance: to Thee is Final Goal. »

* * * * *

«رَبَّنَا لَا تَجْعَلْنَا فِتْنَةً لِلَّذِينَ كَفَرُوا وَاغْفِرْ لَنَا رَبَّنَا إِنَّكَ أَنْتَ الْعَزِيزُ الْحَكِيمُ»
« Rabbanaa laa taj3alnaa fitnatane lilladiina kafarou wa ghfire lanaa, rabbanaa innaka aneta l3azizou l7akimou. »

"Our Lord. Make us not a trial for the Unbelievers, but forgive us, our Lord. for Thou art the Exalted in Might, the Wise."

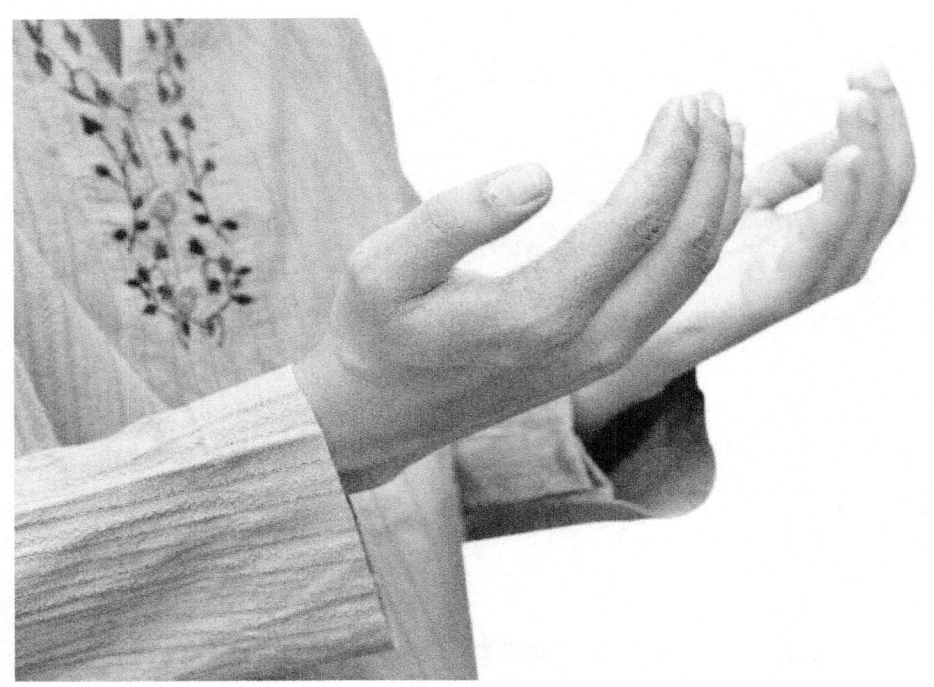

Surah Al-Ahqaf (Ayaa 15) : سورة الأحقاف

«رَبِّ أَوْزِعْنِي أَنْ أَشْكُرَ نِعْمَتَكَ الَّتِي أَنْعَمْتَ عَلَيَّ وَعَلَى وَالِدَيَّ وَأَنْ أَعْمَلَ صَالِحًا تَرْضَاهُ وَأَصْلِحْ لِي فِي ذُرِّيَّتِي إِنِّي تُبْتُ إِلَيْكَ وَإِنِّي مِنَ الْمُسْلِمِينَ»

« Rabbi awezi-anii ane ashkoura ni-amataka llatii ane-amta alayya wa alaa waalidayya wa ane amala saalihane tardaahou, wa aslih lii fii dourriyyatii, innii toubtou ilayeka, wa innii mina lmouslimiina.»

« My Lord, enable me to be grateful for Your favor which You have bestowed upon me and upon my parents and to work righteousness of which You will approve and make righteous for me my offspring. Indeed, I have repented to You, and indeed, I am of the Muslims. »

Sura Ad-Dukhaan (Ayaa 12) : سورة الدخان

«رَبَّنَا اكْشِفْ عَنَّا الْعَذَابَ إِنَّا مُؤْمِنُونَ»

«Rabbanaa kshif annaa l-adaaba innaa mou-minouna.»

"Our Lord. Remove the torment from us, really we shall become believers."

سورة ص : Surah Saad (Ayaa 35)

«رَبِّ اغْفِرْ لِي وَهَبْ لِي مُلْكًا لَا يَنْبَغِي لِأَحَدٍ مِنْ بَعْدِي إِنَّكَ أَنْتَ الْوَهَّابُ»

« Rabbi ighfire lii wa habe lii moulkane laa yanebaghii li-ahadine mine ba-adii innaka aneta lwahhaabou. »

"My Lord, forgive me and grant me a kingdom such as will not belong to anyone after me. Indeed, You are the Bestower."

Surah Al-Qasas: سورة القصص

«قَالَ رَبِّ إِنِّي ظَلَمْتُ نَفْسِي فَاغْفِرْ لِي فَغَفَرَ لَهُ إِنَّهُ هُوَ الْغَفُورُ الرَّحِيمُ» (16)

« Qaala rabbi innii dalamtou nafsii faghfire lii, faghafara lahou innahou houwa lghafourou rrahiimou. »

« He said: My Lord. Verily, I have wronged myself, so forgive me. Then He forgave him. Verily, He is the Oft-Forgiving, the Most Merciful. »

* * * * *

«رَبِّ نَجِّنِي مِنَ الْقَوْمِ الظَّالِمِينَ» (21)

« Rabbi najjinii mina lqawemi ddalimiina. »

« My Lord! Save me from the people who are wrong-doers (Zâlimûn) »

* * * *

«رَبِّ إِنِّي لِمَا أَنْزَلْتَ إِلَيَّ مِنْ خَيْرٍ فَقِيرٌ» (24)

« Rabbi innii limaa anezalta ilayya mine khayerine faqiirou. »

« My Lord. truly, I am in need of whatever good that You bestow on me. »

Surah An-Naml (Ayaa 19) سورة النمل

«رَبِّ أَوْزِعْنِي أَنْ أَشْكُرَ نِعْمَتَكَ الَّتِي أَنْعَمْتَ عَلَيَّ وَعَلَى وَالِدَيَّ وَأَنْ أَعْمَلَ صَالِحًا تَرْضَاهُ وَأَدْخِلْنِي بِرَحْمَتِكَ فِي عِبَادِكَ الصَّالِحِينَ»

« Rabbi awezi-anii ane ashkoura ni-amataka llati ane-ameta alayya wa alaa waalidayya wa ane a-amala saalihane tardaahou, wa adkhilnii birahmatika fii aibaadika ssalihiina.»

« My Lord. Grant me the power and ability that I may be grateful for Your Favours which You have bestowed on me and on my parents, and that I may do righteous good deeds that will please You, and admit me by Your Mercy among Your righteous slaves.»

Surah Ach-Chu'ara : سورة الشعراء

«رَبِّ هَبْ لِي حُكْمًا وَأَلْحِقْنِي بِالصَّالِحِينَ» (83)

« Rabbi habe lii houkmane wa alhiqnii bi ssaalihiina. »

"O my Lord. bestow wisdom on me, and join me with the righteous."

«وَاجْعَلْ لِي لِسَانَ صِدْقٍ فِي الْآخِرِينَ» (84)

« wa j-al lii lisaana sidqine fii l-aakhiriina. »

"Grant me honourable mention on the tongue of truth among the latest generations."

«وَاجْعَلْنِي مِنْ وَرَثَةِ جَنَّةِ النَّعِيمِ» (85)

« wa j-alnii mine waratati jannati nna-aiimi. »

"Make me one of the inheritors of the Garden of Bliss."

«وَاغْفِرْ لِأَبِي إِنَّهُ كَانَ مِنَ الضَّالِّينَ» (86)

« wa ghfire li-abii innahou kaana mina ddalliina. »

"Forgive my father, for that he is among those astray."

«وَلَا تُخْزِنِي يَوْمَ يُبْعَثُونَ» (87)

« wa laa toukhzinii yawema youb-atouna.»

"And let me not be in disgrace on the Day when (men) will be raised up."

Surah Al-Furqaan : سورة الفرقان

«وَالَّذِينَ يَقُولُونَ رَبَّنَا اصْرِفْ عَنَّا عَذَابَ جَهَنَّمَ إِنَّ عَذَابَهَا كَانَ غَرَامًا» (65)

« Wa lladiina yaqoulouna rabbanaa srif annaa adaaba jahannama inna adaabahaa kaana gharaamane. »

« And those who say: "Our Lord! Avert from us the torment of Hell. Verily its torment is ever an inseparable, permanent punishment. »

* * * * *

«رَبَّنَا هَبْ لَنَا مِنْ أَزْوَاجِنَا وَذُرِّيَّاتِنَا قُرَّةَ أَعْيُنٍ وَاجْعَلْنَا لِلْمُتَّقِينَ إِمَامًا» (74)

« Rabbanaa habe lanaa mine azwaajinaa wa dourriyyaatinaa qourrata ayounine, wa j-alnaa lilmouttaqiina imaamane. »

« Our Lord! Bestow on us from our wives and our offspring the comfort of our eyes, and make us leaders of the pious (the Muttaqun). »

سورة طه : Surah Taa-Haa (Ayaa 114)

«فَتَعَالَى اللَّهُ الْمَلِكُ الْحَقُّ وَلَا تَعْجَلْ بِالْقُرْآنِ مِنْ قَبْلِ أَنْ يُقْضَى إِلَيْكَ وَحْيُهُ وَقُلْ رَبِّ زِدْنِي عِلْمًا»

« Fata-aalaa llaahou lmalikou lhaqou wa laa ta-ajal bil qour-aani mine qabli ane youqdaa ilayeka wahyouhou, wa qoule rabbi zidnii a-ilmane. »

« So high is Allāh, the Sovereign the Truth. And, [O Muḥammad], do not hasten with the Qur'ān before its revelation is completed to you, and say, "My Lord, increase me in knowledge. »

Surah Al-Kahf (Ayaa 10) : سورة الكهف

»إِذْ أَوَى الْفِتْيَةُ إِلَى الْكَهْفِ فَقَالُوا رَبَّنَا آتِنَا مِنْ لَدُنْكَ رَحْمَةً وَهَيِّئْ لَنَا مِنْ أَمْرِنَا رَشَدًا«

« Id aawa lfityatou ilaa lkahfi faqaalou rabbanaa aatinaa mine ladounka rahmatane wa hayyi-e lanaa mine amrinaa rashadane. »

« when the youths retreated to the cave and said, Our Lord, grant us from Yourself mercy and prepare for us from our affair right guidance. »

Surah Al-Israa : سورة الإسراء

«وَاخْفِضْ لَهُمَا جَنَاحَ الذُّلِّ مِنَ الرَّحْمَةِ وَقُلْ رَبِّ ارْحَمْهُمَا كَمَا رَبَّيَانِي صَغِيرًا» (24)

« Wa khefide lahoumaa janaaha ddouli mina rrahmati, wa qoule rabbi irhamhoumaa kamaa rabbayaani saghiirane. »

« And lower unto them the wing of submission and humility through mercy, and say: "My Lord! Bestow on them Your Mercy as they did bring me up when I was young. »

* * * *

«وَقُلْ رَبِّ أَدْخِلْنِي مُدْخَلَ صِدْقٍ وَأَخْرِجْنِي مُخْرَجَ صِدْقٍ وَاجْعَلْ لِي مِنْ لَدُنْكَ سُلْطَانًا نَصِيرًا» (80)

« Wa qoule rabbi adkhilnii moudkhala sidqine wa akhrijnii moukhraja sidqine wa j-ale lii mine ladouneka soultaanane nasiirane ».

« And say: My Lord. Let my entry be good, and my exit be good. And grant me from You an authority to help me. »

سورة يوسف : Surah Surah Yusuf
(Ayaa 101)

«رَبِّ قَدْ آتَيْتَنِي مِنَ الْمُلْكِ وَعَلَّمْتَنِي مِنْ تَأْوِيلِ الْأَحَادِيثِ فَاطِرَ السَّمَاوَاتِ وَالْأَرْضِ أَنْتَ وَلِيِّي فِي الدُّنْيَا وَالْآخِرَةِ، تَوَفَّنِي مُسْلِمًا وَأَلْحِقْنِي بِالصَّالِحِينَ»

« Rabbi qade atayetani mina lmoulki, wa allametani mine ta-wiili l-ahadiiti faatira ssamaawaati wa l-ardi, aneta waliyyi fi dounya wa l-aakhirati, tawaffanii mouslimane wa alhiqnii bissalihiina »

« My Lord, You have given me of sovereignty and taught me of the interpretation of dreams. Creator of the heavens and earth, You are my protector in this world and the Hereafter. Cause me to die a Muslim and join me with the righteous.»

Surah Surah Yunus: سورة يونس

« فَقَالُوا عَلَى اللَّهِ تَوَكَّلْنَا رَبَّنَا لَا تَجْعَلْنَا فِتْنَةً لِلْقَوْمِ الظَّالِمِينَ » (85)

« Faqaalou alaa llaahi tawakkalnaa, rabbanaa laa taj-alnaa fitnatane lilqawemi ddalimiina »

« They said: In Allâh we put our trust. Our Lord. Make us not a trial for the folk who are Zâlimûn (polytheists and wrong-doers).»

«وَنَجِّنَا بِرَحْمَتِكَ مِنَ الْقَوْمِ الْكَافِرِينَ» (86)

« Wa najjinaa bi rahmatika mina lqawemi lkaafiriina.»

«And save us by Your Mercy from the disbelieving folk».

Surah At-Tawba : سورة التوبة

«حَسْبُنَا اللَّهُ سَيُؤْتِينَا اللَّهُ مِنْ فَضْلِهِ وَرَسُولُهُ إِنَّا إِلَى اللَّهِ رَاغِبُون» (59)

« Hasbouna llaahou sayou-tiinaa llaahou mine fadlihi wa rasoulouhou, innaa ilaa llaahi raaghibouna »

« Allâh is Sufficient for us. Allâh will give us of His Bounty, and so will His Messenger. We implore Allah. »

«حَسْبِيَ اللَّهُ لَا إِلَهَ إِلَّا هُوَ عَلَيْهِ تَوَكَّلْتُ وَهُوَ رَبُّ الْعَرْشِ الْعَظِيمِ» (129)

« Hasbiya llaahou, laa ilaaha illa houwa, alayehi tawakkaltou, wa houwa rabbou l-arshi l-adiimi. »

"Allâh is sufficient for me. Lâ ilâha illa Huwa (none has the right to be worshipped but He) in Him I put my trust and He is the Lord of the Mighty Throne. »

Suah AL Ma-idah (Ayaa 83) : سورة المائدة

«رَبَّنَا آمَنَّا فَاكْتُبْنَا مَعَ الشَّاهِدِينَ»

« Rabbanaa aamannaa, faketoubenaa ma-a shaahidiina »

« Our Lord. We believe; so write us down among the witnesses. »

An-Nisaa (Ayaa 75) : سورة النساء

« رَبَّنَا أَخْرِجْنَا مِنْ هَذِهِ الْقَرْيَةِ الظَّالِمِ أَهْلُهَا وَاجْعَل لَنَا مِنْ لَدُنْكَ وَلِيًّا وَاجْعَل لَنَا مِنْ لَدُنْكَ نَصِيرًا »

« Rabbanaa akhrijenaa mine haadihi lqareyati addaalimi ahlouhaa, wa je-ale lanaa mine ladouneka waliyane, wa je-ale lanaa mine ladouneka nasiirane »

« Our Lord. Rescue us from this town whose people are oppressors; and raise for us from You one who will protect, and raise for us from You one who will help. »

Surah Al-Ikhlaas : سورة الإخلاص

«قُلْ هُوَ اللَّهُ أَحَدٌ

« Qoul houa llaahou ahade »
"Say "Allâh is (the) One"

اللَّهُ الصَّمَدُ

« allaahou ssamade »
« The Self-Sufficient Master »

لَمْ يَلِدْ وَلَمْ يُولَدْ

« lame yalide walame youlade »
"He begets not, nor was He begotten."

وَلَمْ يَكُنْ لَهُ كُفُوًا أَحَدٌ»

« walame yakoune lahou koufou-ane ahade »
"And there is none co-equal or comparable unto Him."

Surah Ghaafir : سورة غافر

«رَبَّنَا وَسِعْتَ كُلَّ شَيْءٍ رَحْمَةً وَعِلْمًا فَاغْفِرْ لِلَّذِينَ تَابُوا وَاتَّبَعُوا سَبِيلَكَ وَقِهِمْ عَذَابَ الْجَحِيمِ» (7)

« Rabbanaa wasi-ata koulla shaye-iine rahmatane wa ailmane, faghfire lilladiina taabou wa ttaba-ou sabiilaka, wa qihime adaaba ljahiimi. »

« Our Lord, You have encompassed all things in mercy and knowledge, so forgive those who have repented and followed Your way and protect them from the punishment of Hellfire. »

«رَبَّنَا وَأَدْخِلْهُمْ جَنَّاتِ عَدْنٍ الَّتِي وَعَدْتَهُمْ وَمَنْ صَلَحَ مِنْ آبَائِهِمْ وَأَزْوَاجِهِمْ وَذُرِّيَّاتِهِمْ إِنَّكَ أَنْتَ الْعَزِيزُ الْحَكِيمُ» (8)

« Rabbanaa wa adkhilhoume jannaati adnine allatii wa-adetahoume, wa mane salaha mine aabaa-ihime wa azwaajihime wa dourriyyaatihime, innaka aneta l-azizou lhakiimou. »

« Our Lord, and admit them to gardens of perpetual residence which You have promised them and whoever was righteous among their forefathers, their spouses and their offspring. Indeed, it is You who is the Exalted in Might, the Wise. »

Surah Ghaafir : سورة غافر

«وَقِهِمُ السَّيِّئَاتِ وَمَنْ تَقِ السَّيِّئَاتِ يَوْمَئِذٍ فَقَدْ رَحِمْتَهُ وَذَلِكَ هُوَ الْفَوْزُ الْعَظِيمُ» (9)

« Wa qihimou ssayyi-aati wa mane taqi ssayyi-aati yawema-idine faqade rahimtahou wa daalika houwa lfawezou l-adiimou. »

« And protect them from the evil consequences. And he whom You protect from evil consequences that Day - You will have given him mercy. And that is the great attainment. »

* * * * *

«وَأُفَوِّضُ أَمْرِي إِلَى اللَّهِ إِنَّ اللَّهَ بَصِيرٌ بِالْعِبَادِ» (44)

« Wa oufawwidou amrii ilaa llaahi inna llaaha basiiroune bil-ibaadi. »

« And I entrust my affair to Allāh. Indeed, Allāh is Seeing of His servants. »

Surah Al-Imran : سورة آل عمران

«رَبَّنَا لَا تُزِغْ قُلُوبَنَا بَعْدَ إِذْ هَدَيْتَنَا وَهَبْ لَنَا مِنْ لَدُنْكَ رَحْمَةً إِنَّكَ أَنْتَ الْوَهَّابُ» (08)

« Rabbanaa laa touzighe qouloubanaa ba-eda ide hadayetanaa, wa habe lanaa mine ladouneka rahmatane, innaka aneta alwahhabou »

« Our Lord, let not our hearts deviate after You have guided us and grant us from Yourself mercy. Indeed, You are the Bestower. »

* * * * * *

«رَبَّنَا إِنَّنَا آمَنَّا فَاغْفِرْ لَنَا ذُنُوبَنَا وَقِنَا عَذَابَ النَّارِ» (16)

« Rabbanaa innanaa aamannaa, fa ghfire lanaa dounoubanaa, wa qinaa adaaba nnaari »

« Our Lord, indeed we have believed, so forgive us our sins and protect us from the punishment of the Fire. »

* * * * * *

«رَبِّ هَبْ لِي مِنْ لَدُنْكَ ذُرِّيَّةً طَيِّبَةً إِنَّكَ سَمِيعُ الدُّعَاءِ» (38)

« Rabbi habe lii mine ladouneka dourriyatane tayyibatane, innaka samii-ou ddou-aa-i »

« My Lord, grant me from Yourself a good offspring. Indeed, You are the Hearer of supplication. »

Surah Al-Imran : سورة آل عمران

« رَبَّنَا آمَنَّا بِمَا أَنْزَلْتَ وَاتَّبَعْنَا الرَّسُولَ فَاكْتُبْنَا مَعَ الشَّاهِدِينَ » (53)

« Rabbanaa aamannaa bimaa anezaleta, wa ttaba-anaa raasoula, fa ketoubenaa ma-a chaahidiina »

« Our Lord, we have believed in what You revealed and have followed the messenger, so register us among the witnesses. »

* * * *

« رَبَّنَا اغْفِرْ لَنَا ذُنُوبَنَا وَإِسْرَافَنَا فِي أَمْرِنَا وَثَبِّتْ أَقْدَامَنَا وَانْصُرْنَا عَلَى الْقَوْمِ الْكَافِرِينَ » (147)

« Rabbanaa ghfir lanaa dounoubanaa, wa israafanaa fi amerinaa, wa tabbite aqdaamanaa, wa nesournaa alaa alqawemi lkaafiriina »

« Our Lord, forgive us our sins and the excess (committed) in our affairs and plant firmly our feet and give us victory over the disbelieving people. »

Surah Al-Imran : سورة آل عمران

«رَبَّنَا مَا خَلَقْتَ هَذَا بَاطِلًا سُبْحَانَكَ فَقِنَا عَذَابَ النَّارِ» (191)

« Rabbanaa maa khalqeta haada baatilane, soubehaanaka, faqinaa adaaba nnaari »

« Our Lord, You did not create this aimlessly; exalted are You [above such a thing]; then protect us from the punishment of the Fire. »

«رَبَّنَا إِنَّكَ مَنْ تُدْخِلِ النَّارَ فَقَدْ أَخْزَيْتَهُ وَمَا لِلظَّالِمِينَ مِنْ أَنْصَارٍ» (192)

«Rabbanaa innaka mane toudkhili nnaara, faqade akhezayetahou wa maa liddalimiina mine anesaarine»

« Our Lord, indeed whoever You admit to the Fire - You have disgraced him, and for the wrongdoers there are no helpers. »

Surah Al-Imran : سورة آل عمران

«رَبَّنَا إِنَّنَا سَمِعْنَا مُنَادِيًا يُنَادِي لِلْإِيمَانِ أَنْ آمِنُوا بِرَبِّكُمْ فَآمَنَّا رَبَّنَا فَاغْفِرْ لَنَا ذُنُوبَنَا وَكَفِّرْ عَنَّا سَيِّئَاتِنَا وَتَوَفَّنَا مَعَ الْأَبْرَارِ»(193)

« Rabbana innanaa sami-anaa mounaadiinaa younaadii lile-iimaani ane aminou birabbikoume fa aamanenaa, rabbanaa fa ghfir lanaa dounoubanaa, wa ghfir annaa sayyi-aatinaa, wa tawffanaa ma-a al aberaari »

« Our Lord, indeed we have heard a caller calling to faith,'Believe in your Lord,' and we have believed. Our Lord, so forgive us our sins and remove from us our misdeeds and cause us to die among the righteous. »

«رَبَّنَا وَآتِنَا مَا وَعَدْتَنَا عَلَى رُسُلِكَ وَلَا تُخْزِنَا يَوْمَ الْقِيَامَةِ إِنَّكَ لَا تُخْلِفُ الْمِيعَادَ» (194)

«Rabbanaa wa aatinaa maa wa adettanaa alaa rosoulika, wa laa toukhzinaa yawema lqiyaamati, innaka laa toukhlifou lmiiraade »

« Our Lord, and grant us what You promised us through Your messengers and do not disgrace us on the Day of Resurrection. Indeed, You do not fail in promise. »

Surah Al Araf : سورة الأعراف

«رَبَّنَا ظَلَمْنَا أَنْفُسَنَا وَإِنْ لَمْ تَغْفِرْ لَنَا وَتَرْحَمْنَا لَنَكُونَنَّ مِنَ الْخَاسِرِينَ» (23)

« Rabbanaa dalamenaa anefousanaa, wa ine lame taghfire lanaa wa tarhamenaa, lanakounanna mina lkhaasiriina »

« Our Lord, we have wronged ourselves, and if You do not forgive us and have mercy upon us, we will surely be among the losers. »

* * * * *

«رَبَّنَا لَا تَجْعَلْنَا مَعَ الْقَوْمِ الظَّالِمِينَ» (47)

« Rabbanaa laa taje-alenaa ma-a lqawemi ddalimiina »

«Our Lord, do not place us with the wrongdoing people»

Surah Al Araf : سورة الأعراف

«وَسِعَ رَبُّنَا كُلَّ شَيْءٍ عِلْمًا عَلَى اللَّهِ تَوَكَّلْنَا رَبَّنَا افْتَحْ بَيْنَنَا وَبَيْنَ قَوْمِنَا بِالْحَقِّ وَأَنْتَ خَيْرُ الْفَاتِحِينَ» (89)

« Wasi-a rabbounaa koulla chaye-ine ailemane, alaa llaahi tawakalenaa, rabbanaa ifetah bayenanaa wa bayena qaweminaa bilhaqi, wa aneta khayerou lefaatihiine »

«Our Lord has encompassed all things in knowledge. Upon Allāh we have relied. Our Lord, decide between us and our people in truth, and You are the best of those who give decision.»

* * * * * *

«رَبَّنَا أَفْرِغْ عَلَيْنَا صَبْرًا وَتَوَفَّنَا مُسْلِمِينَ» (126)

«Rabbanaa afrigh alayenaa sabrane wa tawaffanaa mouslimiina»

«Our Lord, pour upon us patience and let us die as Muslims.»

* * * * * *

«سُبْحَانَكَ تُبْتُ إِلَيْكَ وَأَنَا أَوَّلُ الْمُؤْمِنِينَ» (143)

«Soubhaanaka toubetou ilayeka, wa anaa awwalou lmouminiina»

«Exalted are You! I have repented to You, and I am the first of the believers.»

Surah Al Araf : سورة الأعراف

«لَئِنْ لَمْ يَرْحَمْنَا رَبُّنَا وَيَغْفِرْ لَنَا لَنَكُونَنَّ مِنَ الْخَاسِرِينَ» (149)

« La-ine lame yarhamenaa rabbounaa wa yaghfire lanaa lanakounanna mina lkhaasiriina »

« If our Lord does not have mercy upon us and forgive us, we will surely be among the losers. »

* * * * * * *

«قَالَ رَبِّ اغْفِرْ لِي وَلِأَخِي وَأَدْخِلْنَا فِي رَحْمَتِكَ وَأَنْتَ أَرْحَمُ الرَّاحِمِينَ» (151)

« Qaala rabbi ighfire lii, wa li akhii, wa adkhilenaa fii rahmatika, wa aneta arhamou rraahimiina »

« [Moses] said, My Lord, forgive me and my brother and admit us into Your mercy, for You are the most merciful of the merciful. »

Surah Al Araf : سورة الأعراف

«رَبِّ لَوْ شِئْتَ أَهْلَكْتَهُمْ مِنْ قَبْلُ وَإِيَّايَ أَتُهْلِكُنَا بِمَا فَعَلَ السُّفَهَاءُ مِنَّا إِنْ هِيَ إِلَّا فِتْنَتُكَ تُضِلُّ بِهَا مَنْ تَشَاءُ وَتَهْدِي مَنْ تَشَاءُ أَنْتَ وَلِيُّنَا فَاغْفِرْ لَنَا وَارْحَمْنَا وَأَنْتَ خَيْرُ الْغَافِرِينَ» (155).

«Rabbi lawe shi-ta ahlaketahoume mine qablou wa iyaaya atouhlikouna bimaa fa-ala ssoufahaa-ou minnaa ine hya illaa fitnatouka toudillou biha mane tashaa-ou , wa tahdii mane tashaa-ou, aneta waliyyouna, faghfire lanaa wa rehamenaa , wa aneta khayerou lghaafirine.»

« Would You destroy us for what the foolish among us have done? This is not but Your trial by which You send astray whom You will and guide whom You will. You are our Protector, so forgive us and have mercy upon us; and You are the best of forgivers. »

Surah Al Araf : سورة الأعراف

«وَاكْتُبْ لَنَا فِي هَذِهِ الدُّنْيَا حَسَنَةً وَفِي الْآخِرَةِ.» (156)

« Wa ktoube lanaa fii haadihi douneya hasanatane wa fii l-aakhirati »

« And decree for us in this world good and in the Hereafter. »

* * * * *

«إِنَّ وَلِيِّيَ اللَّهُ الَّذِي نَزَّلَ الْكِتَابَ وَهُوَ يَتَوَلَّى الصَّالِحِينَ» (196)

« Inna waliyya allahou lladii nazzala lkitaaba wa houwwa yatawallaa ssalihiina »

« Indeed, my protector is Allāh, who has sent down the Book; and He is an ally to the righteous. »

34

Surah Ibrahim : سوره إبراهيم

«وَإِذْ قَالَ إِبْرَاهِيمُ رَبِّ اجْعَلْ هَذَا الْبَلَدَ آمِنًا وَاجْنُبْنِي وَبَنِيَّ أَنْ نَعْبُدَ الْأَصْنَامَ» (35)

« Wa id qaala ibraahiimou rabbi ij-ale haada lbalada aaminane, wa jnoubnii wa baniyya ane na-abouda l-asnaama. »

« And when Ibrâhîm (Abraham) said: "O my Lord! Make this city one of peace and security, and keep me and my sons away from worshipping idols. »

«رَبِّ إِنَّهُنَّ أَضْلَلْنَ كَثِيرًا مِنَ النَّاسِ فَمَنْ تَبِعَنِي فَإِنَّهُ مِنِّي وَمَنْ عَصَانِي فَإِنَّكَ غَفُورٌ رَحِيمٌ» (36)

« Rabbi innahounna adlalna katiirane mina nnasi, famane tabi-anii fa innahou minnii , wa mane asaanii fa innaka ghafouroune rahiimoune,

« O my Lord. They have indeed led astray many among mankind. But whoso follows me, he verily is of me. And whoso disobeys me, still You are indeed Oft-Forgiving, Most Merciful.»

Surah Ibrahim : سوره إبراهيم

«رَبَّنَا إِنِّي أَسْكَنتُ مِنْ ذُرِّيَّتِي بِوَادٍ غَيْرِ ذِي زَرْعٍ عِندَ بَيْتِكَ الْمُحَرَّمِ، رَبَّنَا لِيُقِيمُوا الصَّلَاةَ فَاجْعَلْ أَفْئِدَةً مِنَ النَّاسِ تَهْوِي إِلَيْهِمْ وَارْزُقْهُم مِّنَ الثَّمَرَاتِ لَعَلَّهُمْ يَشْكُرُونَ» (37)

« Rabbana inni askantou mine dourriyyati bi waadine ghayeri dii zar-ine aineda bayetika lmouharrami, rabbanaa liyouqimou ssalaata, faj-ale af-idatane mina nnasi tahwii ilayehime, wa rzouqhoume mina tamaraati la-allahoume yashkourouna. »

« O our Lord. I have made some of my offspring to dwell in an uncultivable valley by Your Sacred House in order, O our Lord, that they may perform As-Salât. So fill some hearts among men with love towards them, and (O Allâh) provide them with fruits so that they may give thanks. »

Surah Ibrahim : سوره إبراهيم

«رَبَّنَا إِنَّكَ تَعْلَمُ مَا نُخْفِي وَمَا نُعْلِنُ وَمَا يَخْفَى عَلَى اللهِ مِنْ شَيْءٍ فِي الْأَرْضِ وَلَا فِي السَّمَاءِ» (38)

«Rabbanaa innaka ta-alamou maa noukhfii, wa maa nou-alinou, wa maa yakhfaa alaa llaahi mine shaye-ine fii l-ardi wa laa fii ssamaa-i.»

« O our Lord. Certainly, You know what we conceal and what we reveal. Nothing on the earth or in the heaven is hidden from Allâh. »

* * * * * *

«رَبِّ اجْعَلْنِي مُقِيمَ الصَّلَاةِ وَمِنْ ذُرِّيَّتِي رَبَّنَا وَتَقَبَّلْ دُعَاءِ» (40)

«Rabbi ij-alnii mouqiima ssalaati wa mine dourriyatii rabbanaa wa taqabbale dou-aa-i. »

«O my Lord. Make me one who performs As-Salât, and from my offspring, our Lord! And accept my invocation.»

Surah Ibrahim : سوره إبراهيم

«رَبَّنَا اغْفِرْ لِي وَلِوَالِدَيَّ وَلِلْمُؤْمِنِينَ يَوْمَ يَقُومُ الْحِسَابُ» (41)

«Rabbanaa ighfire lii wa liwaalidaya wa lilmou-miniina yawema yaqoumou lhisaabou»

« Our Lord. Forgive me and my parents, and the believers on the Day when the reckoning will be established. »

Surah Al-Anbiyaa : سورة الأنبياء

«وَأَيُّوبَ إِذْ نَادَىٰ رَبَّهُ أَنِّي مَسَّنِيَ الضُّرُّ وَأَنْتَ أَرْحَمُ الرَّاحِمِينَ» (83)

« Wa ayyouba id naadaa rabbahou annii massaniya ddourrou wa aneta arhamou rrahimiina. »

« And Job, when he called to his Lord, Indeed, adversity has touched me, and You are the most merciful of the merciful. »

* * * * * *

«فَنَادَىٰ فِي الظُّلُمَاتِ أَنْ لَا إِلَٰهَ إِلَّا أَنْتَ سُبْحَانَكَ إِنِّي كُنْتُ مِنَ الظَّالِمِينَ» (87)

« Fanaadaa fii ddouloumaati ane laa ilaaha illaa aneta soubhaanaka innii kounetou mina ddaalimiina. »

« And he called out within the darknesses, There is no deity except You; exalted are You. Indeed, I have been of the wrongdoers.»

* * * * * *

«وَزَكَرِيَّا إِذْ نَادَىٰ رَبَّهُ رَبِّ لَا تَذَرْنِي فَرْدًا وَأَنْتَ خَيْرُ الْوَارِثِينَ» (89)

« Wa zakariyyaa id naadaa rabbahou, rabbi laa tadarnii fardane wa aneta khayerou lwaritiina. »

« And Zechariah, when he called to his Lord, My Lord, do not leave me alone, while You are the best of inheritors. »

Surah Al-Muminoon : سورة المؤمنون

﴿وَقُلْ رَبِّ أَنْزِلْنِي مُنْزَلًا مُبَارَكًا وَأَنْتَ خَيْرُ الْمُنْزِلِينَ﴾ (29)

« Wa qoule rabbi anezilnii mounezalane moubaarakane, wa aneta khayerou lmounezaliina.»

«And say: My Lord. Cause me to land at a blessed landing-place, for You are the Best of those who bring to land.»

* * * * *

﴿قَالَ رَبِّ انْصُرْنِي بِمَا كَذَّبُونِ﴾ (39)

« Qaala rabbi nsournii bimaa kaddabouni.»

«He said: O my Lord. Help me because they deny me.»

Surah Al-Muminoon : سورة المؤمنون

«﴿قُلْ رَبِّ إِمَّا تُرِيَنِّي مَا يُوعَدُونَ﴾» (93)

« Qoule rabbi immaa touriyannii maa you-adouna. »

« Say: My Lord. If You would show me that with which they are threatened. »

* * * * * *

«﴿رَبِّ فَلَا تَجْعَلْنِي فِي الْقَوْمِ الظَّالِمِينَ﴾» (94)

« Rabbi falaa taj-alnii fii lqawemi ddaalimiina. »

« My Lord! Then put me not amongst the people who are the Zâlimûn. »

Surah Al-Muminoon : سورة المؤمنون

«وَقُلْ رَبِّ أَعُوذُ بِكَ مِنْ هَمَزَاتِ الشَّيَاطِينِ» (97)

« Wa qoule rabbi a-oudou bika mine hamazaati shayaatini. »

« And say: "My Lord! I seek refuge with You from the whisperings of the devils (Shayaatîn).»

«وَأَعُوذُ بِكَ رَبِّ أَنْ يَحْضُرُونِ» (98)

« Wa a-oudou bika rabbi ane yahdourouni. »

« And I seek refuge with You, My Lord! lest they should come near me. »

Surah Al-Muminoon : سورة المؤمنون

«رَبَّنَا آمَنَّا فَاغْفِرْ لَنَا وَارْحَمْنَا وَأَنْتَ خَيْرُ الرَّاحِمِينَ» (109)

« Rabbanaa aamannaa, fa ghfire lanaa wa rhamenaa, wa aneta khayerou rrahimiina »

« Our Lord! We believe, so forgive us, and have mercy on us, for You are the Best of all who show mercy. »

* * * * * *

«وَقُلْ رَبِّ اغْفِرْ وَارْحَمْ وَأَنْتَ خَيْرُ الرَّاحِمِينَ» (118)

« Wa qoule rabbi ighfire wa rhame, wa aneta khayerou rrahimiina.»

« And say (O Muhammad صلى الله عليه وسلم): My Lord. Forgive and have mercy, for You are the Best of those who show mercy »

Surah Al Baqarah : سورة البقرة

«رَبَّنَا تَقَبَّلْ مِنَّا إِنَّكَ أَنْتَ السَّمِيعُ الْعَلِيمُ» (127) .

«Rabbanaa taqabbale minnaa innaka aneta ssamii-ou l-aliimou».

« Our Lord, accept from us. Indeed You are the Hearing, the Knowing. »

«رَبَّنَا وَاجْعَلْنَا مُسْلِمَيْنِ لَكَ وَمِنْ ذُرِّيَّتِنَا أُمَّةً مُسْلِمَةً لَكَ وَأَرِنَا مَنَاسِكَنَا وَتُبْ عَلَيْنَا إِنَّكَ أَنْتَ التَّوَّابُ الرَّحِيمُ» (128).

«Rabbana wa je-alenaa mouslimiina laka wa mine dourriyyatinaa oummatane mouslimatane laka wa arinaa manaasikanaa wa toube alayenaa innaka aneta ttawaabou rrahiimou».

« Our Lord, and make us Muslims to You and from our descendants a Muslim nation [in submission] to You. And show us our rites and accept our repentance. Indeed, You are the Accepting of repentance, the Merciful. »

Surah Al Baqarah : سورة البقرة

«الَّذِينَ إِذَا أَصَابَتْهُم مُّصِيبَةٌ قَالُوا إِنَّا لِلَّهِ وَإِنَّا إِلَيْهِ رَاجِعُونَ» (156)

« Alladiina idaa asabatehoume moussibatoune qaalou innaa lillaahi wa innaa ilayehi raaji-oune »

« Who, when disaster strikes them, say, Indeed we belong to Allah, and indeed to Him we will return. »

* * * * * *

«وَمِنْهُم مَّن يَقُولُ رَبَّنَا آتِنَا فِي الدُّنْيَا حَسَنَةً وَفِي الْآخِرَةِ حَسَنَةً وَقِنَا عَذَابَ النَّارِ» (201)

« Wa minehoume mane yaqoulou rabbanaa aatinaa fi douneya hassanatane wa fi al aakhirati hasanatane wa qinaa adaaba nnari »

« But among them is he who says, Our Lord, give us in this world [that which is] good and in the Hereafter [that which is] good and protect us from the punishment of the Fire. »

* * * * * *

«غُفْرَانَكَ رَبَّنَا وَإِلَيْكَ الْمَصِيرُ» (285)

« Ghoufraanaka rabbanaa wa ilayeka almasiirou »

« We hear and we obey. Your forgiveness, our Lord, and to You is the destination. »

Surah Al Baqarah : سورة البقرة

«رَبَّنَا لَا تُؤَاخِذْنَا إِنْ نَسِينَا أَوْ أَخْطَأْنَا رَبَّنَا وَلَا تَحْمِلْ عَلَيْنَا إِصْرًا كَمَا حَمَلْتَهُ عَلَى الَّذِينَ مِنْ قَبْلِنَا رَبَّنَا وَلَا تُحَمِّلْنَا مَا لَا طَاقَةَ لَنَا بِهِ وَاعْفُ عَنَّا وَاغْفِرْ لَنَا وَارْحَمْنَا أَنْتَ مَوْلَانَا فَانْصُرْنَا عَلَى الْقَوْمِ الْكَافِرِينَ» (286)

«Rabbanaa laa touwaakhidnaa ine nassiinaa awe akheta-enaa, rabbanaa wa laa tahmile alayenaa iserane kamaa hamaletahou alaa alladiina mine qabelinaa, rabbanaa wa laa touhammilenaa maa laa taaqata lanaa bihi, wa afou annaa, wa ghfire lanaa, wa rehamenaa, aneta mawelaanaa, fa nesourna alaa alqawemi lekafiriine»

«Our Lord, do not impose blame upon us if we have forgotten or erred. Our Lord, and lay not upon us a burden like that which You laid upon those before us. Our Lord, and burden us not with that which we have no ability to bear. And pardon us; and forgive us; and have mercy upon us. You are our protector, so give us victory over the disbelieving people.»

سبحان الله

آمين يا رب العالمين
« Aamiine yaa rabbi l-aalamiine. »
Amen, Lord of the worlds

ربنا تقبل منا إنك أنت السميع العليم
« Rabbanaa taqabbale minnaa, aneta ssamii-ou l-aliimou. »
Our Lord, accept from us, you are the All-Knowing

وتب علينا إنك أنت التواب الرحيم
« Wa toube alayenaa, innaka aneta ttawaabou rrahiimou. »
And repent to us that you are the Most Merciful

الحمد لله ربي العالمين

"Alhamdou lilaahi rabbi l-alamiine »

Praise be to Allah, the Cherisher and Sustainer of the worlds.

Please, if you have any remark, contact us via this e-mail: **apamog@hotmail.com**

Copy right 2020 by TAMOH ART PUBLISHING
ALL RIGHTS SERVICES ARE RESERVED

Printed in Great Britain
by Amazon